Melissa Defaz Carrera

Entonces ¿Qué debería hacer?

Melissa Defaz Carrera

Entonces ¿Qué debería hacer?

Esperanzas de vida

JustFiction Edition

Imprint

Cover image: www.ingimage.com

Publisher:
JustFiction! Edition
is a trademark of
Dodo Books Indian Ocean Ltd., member of the OmniScriptum S.R.L Publishing group
str. A.Russo 15, of. 61, Chisinau-2068, Republic of Moldova Europe
Printed at: see last page
ISBN: 978-620-3-57790-7

Una última vez.
Entonces...
¿Qué debería hacer?
"Una y mil veces te eh llorado esperando que este dolor halla sanado."
BY MSDC

-Luz una niña extrovertida con mucha luz llevando su nombre en alto, con un carisma pasable se va al abismo de sus propios pensamientos encerrando así misma a un mundo muy triste y solitario.

-Ben un chico con grandes talentos, le encantaba la música, y muchas artes más, en el País ese tipo de talentos no son tan relevantes como ser un Doctor. Llego la hora de elegir una carrera profesional, sus padres como unos vigilantes policiales manipuladores se negaban en ver las artes sinceras de él.

-Ella es Miry una niña súper carismática, que empieza a ver el mundo de diferentes maneras ya sea bueno o malo, se da cuenta de que los adultos a veces son complicados, ¿cómo su papá por ejemplo? Don Chivo.

¡TE INVITO A SER PARTE DE ESTE TUR DE HISTORIAS!

Introducción

A veces escribir es delatarse, es dejar que alguien por medio de una lectura te conozca, por como escribes, la forma en que actúas ante un problema, su esencia y ¿está mal?, no lo sé, puede que sí, puede que encuentren un punto débil del autor, pero al menos están leyendo de sus escritos y puede aprender de algo, al menos sé que talvez por medio de lo que ha leído no cometerá tantos errores o simplemente sabrán cómo defenderse si están en medio de estos.

Escribir es liberarse de aquellos malos recuerdos que invaden a la cabeza, pero a la vez sentirse orgulloso de cómo lo afrontas y como pudiste ver a otros afrontarlos y es hermoso ser parte de aquel aprendizaje, es hermoso contar de la sanación que Dios hace en cada uno de nosotros y ver su guía con personas o con pensamientos buenos. Sé que no existen perfecciones, solemos ser tan tercos y tan impulsivos y que la vida es un constante aprendizaje.

Entonces que debería hacer, es un libro de anécdotas que eh logrado escribir por impulso y tristeza, cuando no puedo reclamar, ni juzgar, cuando las cosas que creo que están bien, están mal y por medio de esta escritura y releer puede entender y preguntar y preguntarme ¿Estoy haciendo bien?,¿es así como se debe actuar ante un problema? Es difícil aceptar que cometemos errores, siempre creemos hacer las cosas bien, pero a veces esto no es así, solemos dañar, herir a otros, por medio de nuestras decisiones u acciones, cada gesto, cada acto, puede llevar a alguien a la desesperación y no saber qué hacer o cómo actuar. La vida es corta, es lo que suelen decir siempre, talvez y eso sea así, puede que a la vuelta de la esquina todo acabe y nos vamos sin decir adiós, así que si quieres dar un abrazo ¡arre!- dale, si quieres decir un te amo, dale, hoy estas mañana no sabes, la vida puede que sea fugas, no te quedes con la espinita de decir lo que sientes, pero hazlo mientras estas, porque cuando estés en otros lados, que espero que me entiendas, no podrás. El hecho de poder decidir lo que harás en esta vida no significa que no tendrá consecuencias, hasta por la Tercera ley de Newton según el pensamiento humano, cada acción tiene su reacción, por ello, las acciones que hagas tendrán cosas que enseñarte luego y es normal, no todos venimos preparados para afrontar problemas o situaciones extensas.

¿Cómo crees que Dios quisiera que actuaras? ¿Cómo se sentiría al ver tus acciones?, ¿lo has pensado alguna vez ? ¿cómo quisieras que otros actuaran contigo? ¿Actúas como quisieran que te traten? Empatía, respeto, amor. Actuar de la forma en que Dios hubiera querido que actuaras, con aquella misericordia y entendimiento, sin odios, sin rencores, aunque pienses que Dios no actúa rápido, aprenderás a escuchar su silencio como una respuesta de un "Todo estará bien, confía en mi", y sí son solo pruebas que surgen para saber qué tan listo estas.

Como dice Itiel Arroyo: " Dios yo prefiero un desierto contigo que un paraíso sin ti" e "Incluso cuando el cielo está cubierto de nubes densas, el sol no ha desaparecido. Esta todavía allá, al otro lado de las nubes". - Eckhart Tolle.

¿Cómo ocurrió?

¿Luz, era una niña graciosa, feliz, pero llena de defectos y quien no tiene defectos? ¿Todos verdad? y es que los defectos son los que te llevan hacer tu mismo.

Ella como todas las niñas a su edad se enamora y pues sí, se enamoró del niño más popular de la preparatoria. Eso es complicado puesto que los niños así, no le dan tanto chance a niñas sin popularidad como ella, pero eso es lo que se creía hasta que el destino, el universo, las galaxias, conspiraron para su gran encuentro casual y llevarlos al amorío más hermoso de Luz en su vida y como todas las relaciones no son para siempre puesto que el amor es de dos y no de uno. Este chico luego de estar con ella por muchos años empezó a alejarse de Luz, fue una despedida lenta, aun no entiendo porque para alejarse de alguien tienes que poner tantos peros y excusas, solo para llevarte una buena imagen de ti mismo haciendo sufrir a otro. Dale el golpe y ya. Tú imagen se notará de cualquier ángulo, no hay que cuidar algo que no eres porque entre más lo cuidas más terminas denotándolo.

Tuvieron muchos años de relación, valla que sí es un gran golpe que te dejen morir de apoco. Días venía, meses se iba, este no es uno de los primeros casos que vemos en el mundo del que un hombre se valla y venga cuando quiera destrozando emociones mentales de la persona como si fueran fáciles de sanar, entonces supongo que desde aquí comenzó todo.

La paz mental es muy importante para cada persona porque es lo que te hace ser mejor persona, segura de ti misma, ser sonriente, ser feliz.

Parece que este chico realmente la quería ver mal o al menos así lo pensaba, pero está bien por que juzgarlo cada quien sabrá porque hace lo que quiere.

¿El problema ya no era él era ella, ella es dueña de sus propios pensamientos, de sus emociones, de un sí o un no, ella daba el giro, supongo que ella era la culpable de sentirse mal, sé que llorar por una persona todos los días durante un buen tiempo te enferma, lo sé, y es que a quien no le han arrancado el corazón?

Siempre lloramos más de una y mil veces esperando que el dolor halla sanado, pero no es así, llorar siempre. No te sana te daña.

Pasaban las horas, los días, los meses, el año al fin ya dejo de llorar cada mes, es un avance, pero aún sigue siendo un problema tiene que dejar de llorar ¿Cuánto dura un corazón roto? bueno un imaginario corazón roto porque el corazón no se rompe si no, imagínate ya estaríamos todos muertos.

¿Luz, vuelve a ser tú, es tan difícil? ¿Acaso dependemos siempre de alguien? Ósea claro que sí, pero no de un terrícola que apenas sabe vivir. La Gran dependencia de quien debemos vivir es de Dios de nadie más, tú y Dios son un buen equipo sé que lo entenderás. Dios sano tu corazón, el problema eres tú, quieres seguir así, quieres seguir sintiéndote miserable.

Luz, ¿han pasado meses eres tú de nuevo? haz sonreído otra vez hace años no te veía así, tan feliz, tan tú. ¿Qué ha pasado? ¿Te diste cuenta? ¿ahora lo sabes? ¿Descubriste el secreto de que tu vida solo depende de Dios?

-Lo sé.

Es bueno saberlo y mantenerlo presente siempre.

Luz, que paso esta vez, han pasado meses donde sonríes ¿Qué pasa porque lloras? ¿Te acordaste de él verdad? estás viendo su foto...No llores...Mira él esta chilladisimo los dientes y tú llorando... No aquí vamos de nuevo ¿Sonríes? ¿Espera estas feliz llorando?

Tus ojitos parecen perlas.

- Ahora lo sé, el amor que sentí por él me estaba llevando a lugares más locos y negativos de mi imaginación y ese era el problema, ya no empezaba a confiar en mí, quería morir en aquellos días que no estaba con él, quería ser el cielo, quise ser las nubes quise estar allí para poder seguirlo en cada momento y así no tener que aburrirlo con mis locuras o con mis inventos, protegerlo era mi deseo, protegerlo era lo único que quería. Solo quería estar junto a él, pero ahora sé que amarlo también es dejarlo ir es dejar que sea feliz. Estoy llorando, pero de felicidad porque él es Feliz y tiene la sonrisa más bonita que mis ojos hayan podido ver, sé que cada locura que hice por él no son en vano yo AMÉ, le di un amor sincero, pero ese amor estaba haciéndose muy grande olvidando el amor completo a Dios y olvidando mi misión aquí en la tierra. Ahora lo dejaré todo en las manos de Dios mi vida completa ya no es mía es de Dios.

¿Han pasado meses a dónde vas?

-a verlo.

¿Estás loca? Costo mucho que veas una foto sin que llores.

-No lo veré de cerca solo de lejos.

¿Por qué?

- Quiero verlo por última vez, quiero observar su sonrisa, para guardarla en uno de mis recuerdos más felices. Porque no es por quienes están a su lado que sonreirá y será feliz, es por la obra y gracia de Dios.

Mira está allí, está sonriendo entre tanta multitud ¿lo ves? Está feliz.

- Dios ha cumplido.

Por momentos crees que todo está perdido y te conduces a imaginaciones totalmente negativas y desalentadoras cerrando puertas a pensamientos alentadores y capaces de llevarte al cambio.

Soy tu propio amigo dentro de ti. Soy tus pensamientos.

Solo depende de ti mismo poner un orden mental y volver a surgir. Todos tus pensamientos positivos son guiados desde el cielo, poner tú vida en manos de Dios y no de alguien más es parte del plan.

"Supongo que entendí que el único vació en la vida, lo había inventado mi propio ser, puesto que no existe un dolor que no sane. Todo es una excusa para dejar de querer ver las cosas buenas. Dios está contigo siempre, no hay que temer."

"Todas las noches oscuras mientras todos dormían allí estaba yo a escondidas entre sabanas encogida, con pensamientos malos, hasta que llegaron los buenos y transformaron mi vida"

"Un día apague mi voz, apague mi sonrisa, apague mi vida y encendí mi alma vacía, pero no hay pena más perdida que estar allí, por el resto de mi vida"

y Entonces... que deberías hacer?

by: MSDC

¿Qué decidió?

Ben un chico con grandes talentos, le encantaba la música, componía canciones, le gustaba pintar, le gustaba leer, le encantaba todo lo relacionado a Artes. En el País ese tipo de talentos no son tan relevantes como ser un Doctor.

Llego la hora de elegir una carrera profesional, sus padres como unos vigilantes policiales manipuladores se negaban en ver las artes sinceras de él. Ben escondió sus talentos a sus padres, pues ya sabía que no lo apoyarían, más aún era menor de edad si salía de casa ¿cómo lo lograría? y siguió las ordenes de ellos para evitar conflictos.

Escogió una carrera que sea admirable y el gusto de sus padres.

¿Ahora porque sientes la sensación de que todo está mal?

-No confió en mí

¿Porque es tan difícil? ¿Por qué me derrumbo tan rápido? No me salen las cosas bien, soy un fracaso.

¿Disculpa? ¿Que acabas de decir? Solo por qué no entraste a la carrera que querías, no es una excusa para estar triste. ¡Lo sé, es difícil y sé que no escoger lo que realmente quieres es un tormento porque debes estar en algo que realmente quieres hacer! ¡Porque es lo que harás en toda tú vida!, ¿pero sonríe, te doy una solución, podemos estudiar esta carrera y después juntamos dinero, lo ahorramos y estudias lo que quieres? Sé que es difícil, sé que tus padres tampoco te apoyan para lo que realmente quieres, pero tranquilo, dicen que nunca es tarde para volver a empezar. ¿Mira los años pasan volando, solo esfuérzate un poco en esto, quien quita y te termine gustando no lo crees?

-Tengo miedo, no quiero esto, es realmente malo, odio esto, ¿Por qué? ¿Por qué? tengo que complacer a otros? Odio esto, realmente lo odio.

Cálmate no te llenes de perjuicios maliciosos que dañen tu sonrisa, ve al lado positivo y míralo como un reto nuevo, confía en ti y lo que Dios tiene preparado para ti ¿listo?

-¿Crees que estará bien esto?

Claro simplemente, no me dejes en segundo plano.

Pasaron los meses, vamos a la universidad, sonríe te agradara.

-Está bien.

¿Te gusto? Hoy aprendimos cosas nuevas...

-Sí, va bien.

Pasaron los cinco años, ¿Ben eres Feliz? Te has graduado, has hecho muchos amigos, con el tiempo, no has dejado tus talentos, es más con el tiempo las has ido perfeccionando y encontrando muchos más. ¿estás listo?

-Lo estoy, la espera a acabado.

Pasaron los años y ahora él es un excelente artista en sus diferentes posiciones, con mucha fama, sus padres lo admiran y le pidieron perdón por ignorar los talentos que él tenía, ahora confían en él y en sus próximos pasos. (Con el paso del tiempo descubrió el talento en la cocina "Chef").

"Todo el tiempo has seguido, y estoy muy contento por tus avances y eso es lo que me agrada, has sabido contener tu carácter y eso me sorprende, para decir verdad el talento te lo dio Dios, el carácter lo corriges tú. A Dios no le sorprende tú talento, le sorprende las fuerzas, las ganas de moldearlos de dar más y más talentos con tú esfuerzo, y que a pesar de los truncos del camino, sigues dándolo todo y de la mano de Dios, ahora a seguir triunfando".

Todos tenemos miedos, lo sé y es que es como un choque eléctrico a tu cuerpo que te deja inmóvil y por lo tanto tu cerebro en blanco. Lo habrás pasado muchas veces. Y es que ¿Quién no ha sentido miedo en la vida? ¿No creo que seas inmune?

Ben como muchos, dejan de seguir sus propios sueños, por seguir los sueños de otros, por miedo. Sé que tal vez no lo hizo correctamente desde el principio, ¡pero! lo hizo! Muchas veces intento refutarle a sus padres y eso provocaría malos perjuicios y por evitar tener pleitos con ellos siguió aquella carrera, sus padres eran unas cabezas duras no lo entenderían.

El quinto mandamiento "Honrar a tu padre y a tu madre", siempre lo mantuvo presente por eso lo hizo de esa manera, sé que para muchos es incoherente, pero él lo decidió así. Sin herir a sus padres, sin pleitos, sin discusiones, sin llamar la atención de muchas personas, quería hacer las cosas bien. Pero hay que mantener presente que, si tenemos un talento, debemos demostrarlo, porque ocultarlo no sería bueno, más bien entre más talentos descubras y los utilices de una buena forma te será bendecido, deberías leer la parábola de los talentos y entenderías mucho más a fondo lo que quiero decirte.

"Quitadle, por lo tanto, el talento y dádselo al que tiene los diez talentos" Mateo 25,14,30.

El que tiene talento, pero lo oculta, este será quitado.

"Tus metas son tuyas y solo tú podrás cumplirlas ". Solo camina de la mano de Dios y este será cumplido.

"Los talentos te los dio Dios, el carácter lo corriges tú"

"Una vida sin Dios no es vida"

y Entonces...que deberías hacer?

By: MSDC

¿Es bueno cambiar a veces?

Es fácil hablar de los demás sin saber las razones del ¿por qué son sus acciones?, nos resulta tan fácil señalar, acusar. ¿Acaso cambiar es malo?, corrección ¿es malo, si es para bien? Suena interesante, esto les resulta poco increíble a ciertas personas porque creen que el ser humano no tiene la capacidad de salir de la "moda" del igual a alguien más. Siempre me ha sido interesante aquellas personas que van más allá, no son la réplica de alguien, puesto que hacen su propio mismo ser y eso es perfecto.

Cambiar, es parte del crecimiento es parte de la vida, ¿todos cambiamos y quién no? cada persona ha recibido un dolor fuerte en su vida y este es el caso de esta pequeña niña de 13 años, por lo general menos de esa edad no vemos los actos impactantes que dejan marcada nuestra vida.

Ella es Miry una niña súper carismática, que empieza a ver el mundo de diferentes maneras ya sea bueno o malo, se da cuenta de que los adultos a veces son complicados, como su papá por ejemplo don Chivo, este es un gran hombre pero debió haber pasado por traumas psicológicos bien duros en su niñez y adolescencia para tener que tratar a su propia hija como alguien que no vale nada, tal vez a él lo trataron así cuando era pequeño, realmente no lo sé, pero no quiero juzgarlo, no soy quien para hacerlo como dije desde el principio "Cada quien sabrá porque hace lo que quiere".

Entonces Don Chivo era de las personas de que cuando llegaba su mamá, su papá, sus hermanos o amigos, él se sentía prepotente, por las cuales utilizaba a su hija como una sirvienta, solo para dejarles claro a los familiares que él era el que mandaba en casa. Bueno estos actos para Miry no eran tan fuertes, pero pasaban los días y ocurrían muchos más eventos como: "el sacar en caro" este es uno de los actos más tristes de una persona, ¿para que das si lo vas a reprochar?, es mejor no dar nada.

-Bueno está bien soy pequeña, soy una niña tal vez deba de tomar todas las sacadas de encaro como una gran lección para valorar cada cosa que me dan"

Pasaban los días Blin-Blin

- Es como si mi existir molestara a todo el mundo.

¿Ahora qué? ¿Te golpearon de nuevo?

-Perdí un lápiz y estaba en el suelo y mi papá lo vio, tal vez lo dejé caer allí sin querer. (Solo es un golpe por irresponsable).

¿Qué pasa porque lloras?... otra vez? ¿te pegaron?

-Sí, me caí por estar saltando, papá me vio y me pego por caer (tal vez es porque no quiere que me dañe las rodrigas y sea más cuidadosa).

¿Estas llorando otra vez? ¿Somos de agua? ¿Ahora que paso?

-No le respondí bien a papá en los ejercicios de Matemática que me estaba explicando (tal vez me pego porque quiere que sea más inteligente).

¿Porque tus ojitos ya no se ven igual? Están cambiando, ya no son de alegría es un brillo triste, ¡Hey! ¡Estoy aquí...Soy tus pensamientos buenos y ya se nos ocurrirá algo...! ¿Qué pasa? ¿Por qué te patio tu papá?, eres una niña porque la agresión.

-Oculte una página de Internet cuando él quería ver...Ah la ¿página de cómo cambiar las actitudes a un papá?

-Sí, (tal vez me pego porque no le gusta que oculte cosas).

¿Porque estas en el suelo? Deja de llorar... Vamos levántate, ya no más, este fue el último, esta es la última agresión que te hará, con este... paso los limites, No entiendo no hiciste nada malo ¿Por qué te insulto? No te bajaste de ningún carro, no eres una prostituta, porque te insulta, su segueta mental lo atormenta. Ya no más.

Miry, tomo nuevas riendas de su vida, cada día fue más fuerte, calló por varios meses, fue enfriando su parte amorosa a su padre, sin dejar atrás el Quinto mandamiento "Honrar a tu Padre y a tu Madre", no odio a su padre, solo dejo de mostrar su parte cariñosa, pasaron cuatro años, Miry no dejó de ser una buena estudiante, obtuvo reconocimientos.

Su padre noto los cambios y empezó a juzgarla de ciertas formas, decía que se estaba empezando a drogar por encerrarse en el cuarto, que era una cualquiera y entre muchas cosas más.

Pasaron unos meses más, su padre ya extrañaba a su pequeña hija, quien le daba besitos antes de ir a la escuela, Miry seguía siendo fría ¡por decirlo así! pero ella oraba todas las noches por su padre.

Cierto día mientras todos estaban reunidos en la mesa (todos estaban en silencio) don Chivo empezó a llorar, lloró, lloró mucho, observó que todos sus hijos no lo miraban, que estaban todos callados y esto le hizo sentir muy mal, hace mucho no escuchaba a todos sus hijos contar como estaban o que les ocurría después del colegio y es que para que le iban a contar si el siempre miraba todo mal, entonces empezó a pedir perdón a su hija y a todos sus hijos, pregunto qué estaba haciendo mal, la mamá de Miry no dijo nada, solo lo abrazo y empezó a llorar.

En todo ese tiempo de frialdad entendió que Miry existía que no era un bicho raro, que hizo mucho daño a su hija. Ahora él cambio y es un mejor Papá. Todas las oraciones que Miry pidió fueron escuchadas, pero tuvieron que pasar años de aprendizaje para don Chivo, para poder cambiar. A veces la forma de amar de otros es perniciosa, es una rara forma de amar, pero te ama, un padre siempre te amara, talvez pasaron por traumas y no quieren que te pase lo mismo o su forma de enseñanza es distinta, pero eso nunca significara que nunca te amaron. A veces enseñarles a estos, que su tipo de amor puede dañar mucho a otros requerirá de tiempo, pero llega, llega el día en se dan cuenta y se desataran a ese tipo de amor.

"Todos cambiamos por alguien"

"Tus ojitos reflejan tu vida"

"No eres menos que nadie, tú eres tú y tú vales mucho"

By:MSDC

¿Es justo?

¿Cuánto dolor más? ¿Siempre será así? Por cuanto tiempo tendré que fingir que está bien cuando no lo está, que tengo que hacer para arrancar todo lo que duele, ¿Por qué duele tanto? ¿Morir es la solución? ¿Por qué vivir? ¿para qué?, duele estar viva, ya no quiero seguir, estoy cansada, es lo que me repetí varias veces y cuando me siento sin salida, a veces dejo de pensar en lo bueno y está mal, porque cada dolor es un aprendizaje, a veces nos toca perder para poder ganar y no en aquello por lo que quieres, sino en la experiencia.

Muchas veces necesite consejos de alguien, necesite un abrazo, pero no, no estaba nadie, sé que no soy la única que se siente así a veces, sé que existen más personas así, mi dolor no es más grande ni pequeño que el de otra persona, pero ¡como duele tanto!, talvez no sea la indicada para dar un consejo, talvez y simplemente no debería hacerlo porque no lo pongo en práctica, talvez y simplemente no soy buena, no lo sé, sentirme así ¿está bien?, pues no, no lo está, porque estas dudando y quien duda es porque no está seguro de alguien y sí, ese alguien es Dios, ¿tan poca fe tienes?, ¿Qué no sabes? que él es perfecto, que tiene un plan, que te está enseñando, que te está moldeando, ya eres una obra maestra, pero recuerda que no eres perfecta-o, necesita rellenar de amor esas imperfecciones. Pero aun así eres alguien tan hermoso para él, pero tú eres tan débil y si así de débil te ama, ama cada parte de ti, hasta la más vergonzosa, te conoce bien, sabe de qué eres capaz y de que no, crees que no es justo enseñarte a pasar pruebas, acaso te gustan las cosas fáciles, las que no tienes por cual luchar, ¿crees que tener cosas fáciles lo hará más fácil? pues no, de que sirve tener algo fácil, ¿para qué? ¿Por qué enseñar como única joya lo fácil?, ¿te consideras alguien fácil? alguien que no lucho para vivir, fuiste el espermatozoide más rápido entre millones, aun así, ¿te crees sin inteligencia? Hay muchas cosas en la vida que ocurren día a día, y lo fácil no es una buena opción, es como cuando ves el dinero de alguien caer y no le dices, eso es un dinero fácil, ¿cierto?, pero no sabes que había una cámara y te delata, ese dinero fácil ¿Qué te atrajo? problemas ¿verdad? ¿Por qué? Porqué la otra persona querrá su dinero, que con tanto esfuerzo lo produjo, no sé si me entiendas, pero a veces las cosas fáciles, son tan malas, nos llena de tantos problemas, ¿Por qué mejor no nos esforzamos por tener lo que anhelamos?, nadie nos reclamara o nos dirá yo te di esto, eres esto por mí, es mejor así, ¿no?, de eso se trata de pasar estas pruebas que las llamamos difíciles, para obtener lo anhelado que es la sabiduría y el cambio mental de estas en nosotros, por un cambio que nos guie a la vida eterna, porque tenemos un padre a quien amar y demostrarle que somos alguien confiable, que somos dignos de ir al cielo.

"Hijo mío, no desprecies la disciplina del Señor,
ni te ofendas por sus reprensiones.
Porque el Señor disciplina a los que ama,
como corrige un padre a su hijo querido". (Proverbios 3:11-12)

¿Lo entiendes?, espero que sí y como te dije desde el principio, también caigo, soy imperfecta, pero trato de dar lo mejor de mi.

¿Cuánto dolor más? Pues eso dependerá de ti, ¿Cuánto tiempo decidirás que se quede en ti ?, siempre habrá una solución, por más sin escape que creas, hay una solución. ¿Siempre será así?, no, no será así siempre, habrá un día donde tengas un dolor y lo entiendas, sabrás llevarlo hasta su fin, podrás ver que fue necesario y en otras, simplemente ni siquiera sabrás que fue un dolor o más bien una prueba. ¿Por que vivir ?, porque tenemos un plan, tenemos que dejar huellas en este mundo, tenemos que dejar enseñanzas, tenemos que vivir para ser dignos allí arriba, para mostrar que aun habiendo pruebas seguimos eligiendo a nuestro padre Dios.

Y sí, este es el consejo que algún día quise escuchar, talvez no te pueda dar un abrazo y decirte resiste un poco más, pero te diré que eres genial.

"Mientras más pruebas tengo, más demuestro el amor que te tengo"

"Mi vida está en ti, aceptare el camino que elijas en mi"

"Si decaigo una vez, me volveré a fortalecer, porque solo en ti esta mi poder”

Entonces... ¿Qué debería hacer?

¿Ayudarías a quien te ha hecho daño?

¿Cuantas veces te han fallado? ¿Cuantas veces te dijeron ya no más? ¿Cuantas veces te dijeron ya es muy tarde? Tal vez una o dos, tal vez muchas o ninguna. Y es que si hay personas malas o más bien son personas sin escrúpulos que se dejan guiar de pensamientos maliciosos, este tipo de personas están llenas de tristezas, aunque no todos los que están tristes son malos.

Ruky, era el mejor de su clase, le gustaba lo justo y la responsabilidad, como todos en los colegios, tenía sus compañeros de clase, pero estos lo alentaban. ¿Y quién no? y es que cuando empiezan a decirte ¡tú puedes!, ¡tú eres bueno en esto!, más sientes que lo eres y lo demuestras...

Hasta un día que acabo todo eso. No le hablaban, hablaban mal de él, le hacían burlas, bueno en pocas palabras empezaron hacerle bullying, y todo eso por querer hacer lo justo, que ingenuos o más bien inmaduros somos cuando estamos jóvenes, si supieran cuanto se esfuerzan los maestros por llevarnos la información más entendible para que nuestra cabecita capte rápido, realmente los valoraríamos, si supiéramos el esfuerzo que hacen de dejar atrás a sus propios hijos por querer enseñar a una persona que no es de su familia, noches desveladas por pasar notas...Uff y muchos tramos que pasa un docente. Estos niños se enojaron con Ruky por defender a un maestro. Este docente últimamente asistía poco a clase porque estaba enfermo... Y es que ¿A quién le gusta trabajar cuando está enfermo? El docente había dicho un día antes que tomaría el examen con una actuación ya sea cualquiera: cantar, bailar, hacer mímicas, actuar etc.

Ruky, sí se preparó y escogió actuar, se presentó y todos sus compañeros lo juzgaron, y es que ¿no era sorpresa esa evaluación? y ¿tampoco era difícil? como para enojarse. Pero está bien, tal vez ellos no querían hacerlo por vergüenza, Ruky no los juzgo.

Él era un chico con pensamientos positivos, pero los estaba dejando atrás porque todos en el salón, ahora empezaron a insultarlo, imagínate...Si tan solo es por defender algo justo se hacen enemigos, que será algo más relevante.

Lo humillaron muchas veces, las personas que menos creía que lo harían también lo hicieron.

Decidió disculpase, le gritaron ya es muy tarde ya tenemos todos cero.

Pasaban los días no tenía amigos en el salón, se sentaba a comer solo, y esperar que se acaben las horas de clases, muchas veces lo citaron para pelear, muchas veces lo esperaron para darle un golpe, pero había una esperanza que no lo dejaba caer, era Ella, la niña más bonita su novia, ella salía más temprano de clases, estudiaba en otro colegio, ella siempre lo esperaba a fuera, ella era el ángel que Dios envió a su vida para mantenerse fuerte y es que con solo salir del colegio y verla sonreír volvía a vivir, decidió hacer las cosas bien, pero sus compañeros eran muy cerrados, no lo disculparon, aunque él tampoco tenía la culpa, pero él ya los había perdonado por aquellos malos ratos, pidió a la docente que le dieran otra oportunidad para presentar el examen y así fue les dio otra oportunidad, se acercaba el día del examen final, por lo general todos tenían bajos sus promedios, puesto que no le echaban ganas.

Se movió la mesa...

+Oye dime la uno.

+Una patadita suave.

+Oye pasa la dos.

+Oye..Oye...

Ya sabía Ruky en los otros exámenes les pasaba las respuestas, ¿y adivina que hizo????

Cha-ra-ra

¿Pues si crees que no les paso las respuestas?, estas equivocado. Si pensaste que sí felicidades, sé que no está bien y que no es ética académica, pero él era un chico muy bueno, quería demostrarles que, aunque ellos lo trataron mal, él nunca los juzgo, pero si los ayudo.

Después del examen le pidieron disculpas y pues sí, tal vez en la lectura dijiste (yo no los hubiera ayudado), pero sabes existen muchos momentos así en la vida y no simplemente en los exámenes de colegio, a veces son de vida o muerte en donde necesitan tu mano para poder salvarse y estas personas son las que a veces te han hecho mucho daño.

"No siempre tenemos que vivir de rencores, perdonar debería ser fácil para nosotros imagínate hemos cometido tantos pecados y aun así Dios no sigue amando" Pon en práctica esto "70*7". Si lo has entendido ¡vas bien!

"Ella era un ángel que me hacía revivir"

"A veces unos necesitan de tu mano, para poder salvarse"

"No soy quien para juzgarte y tú tampoco eres quien para hacerlo"

Entonces...¿Qué debería hacer?

by: MSDC

¿Volverías a creer?

-Creía que el amor no existía, que era una de las más cosas que podía inventar un escritor, pensaba que los poemas eran simples poemas que utilizaban aquellos románticos para engañar a una chica.

¿Alguna vez diste todo de ti?

¡Talvez sí y talvez no!, no siempre nos encontramos con el tipo de personas que juegan con los sentimientos, por lo general estas no suelen durar mucho tiempo, se acobardan muy rápido y tiran la toalla, como una excusa de no poder soportarlo más o simplemente no poder.

Kaly una chica de 25años, graduada de la Universidad se ve sujeta a los nuevos comienzos de la vida adulta, en busca de trabajo junto a su novio Alex de 9 meses de relación, cada paso que comenzaban, para Kaly eran más comprometedores, es decir a una relación más seria, como empezar a vivir juntos, casarse, etc. Esto para Alex no era algo divertido, era muy serio, y es que no es un juego escoger a alguien para toda tu vida. Ambos pensaban igual, pero Kaly estaba segura de Alex, puesto que lo conocía muy bien, años de amistad, eso la hacía pensar en que tal vez ya era momento para algo más que novios.

Hablo esto con Alex, pero para él esto era muy pronto, no volvió a escribirle a Kaly por mucho tiempo y de pronto no lo volvió a ver más. Desde luego desde que llegó Alex a su vida, le dio un cambio perfecto. Le dio vida, le dio color, le dio amor.
Para ella, era el ser más perfecto que existía en la tierra confiaba en él, talvez el diría que estaba loca que existen personas mejores que él, pero aun así seguiría creyendo que él era perfecto y aunque él se allá alejado de ella, había algo que aún los conectaba, era como "un hilo rojo invisible del destino", sentía que podía estar cerca de él, aunque esto no parezca.

Alex por otro lado de su vida encontró trabajo lejos de Kaly, empezó a trabajar duro durante meses, volvía los fines de semana de lejos a observar a Kaly. Para Alex era muy importante el matrimonio, aun no podía ofrecerle mucho a Kaly por eso tomo esa decisión de irse sin decir nada, fue a encontrar algo seguro hasta que lo consiguió. A los 6 meses de estar alejado de Kaly, se dio cuenta que era la chica, era su chica, ella no actuaba como esas desenfrenadas que publican en redes sociales "soltera", a lo contrario se volvió silenciosa, era como si con él, todo se fue.

De hecho, la admiraba mucho, no podía perder a alguien como ella, todo ese tiempo de trabajo duro, sirvió para conocer más a Kaly, estaba más enamorado, no iba a perder más tiempo, ya estaba listo. Ya podía darle una vida mejor.

Fue allí donde la llamo:

Kaly -Hola, con ¿Quién hablo?

Alex *(nervioso) Hola ¿Cómo estás?

-Alex

*Kaly, perdón por llamarte ahora.

-(llorosa) ¿Como estas, estas bien, has comido?

*(Sonrisa entre lágrimas) No has cambiado ¿Podemos vernos?

- ¿Por qué ahora? Han pasado meses, ¿no lo crees? (suelta entre lágrimas y enojo)

*No podemos hablar esto por teléfono, estoy abajo en tú departamento, ven.

- ¿Qué, estas aquí? (Corriendo a la ventana)

* (Sonríe entre lágrimas) Te conozco tan bien, sé que no me darías oportunidades por teléfono. Eres enojona (le saco la lengua mientras la miraba en la ventana).

-No puedo bajar, ya es tarde.

* Son las 7pm, no es tarde, Kaly no pongas escusas, quiero explicarte.

- (Corre a mirarse en el espejo para ver si esta bonita) Hay estoy no sé, ¡Rayos! ¿Por qué estoy nerviosa? (Se pega en el pecho) Deja de saltar, me delatas (se limpió las lágrimas) ... bajo...

(Se miraron)

*¿Puedo abrazarte? Te eh extrañado mucho.

- ¿Por qué te fuiste? ¿Me dejaste sola?

* No te deje sola, nunca me fui, siempre estuve aquí, siempre te amé. Quería darte algo mejor, quería que no te faltara nada, fui a buscar un trabajo que me proporcione estabilidad, hice un crédito, compre una casa para nosotros, así no tendríamos que pagar arriendo.

- ¿Por qué así? (entre lágrimas golpeaba el pecho de Alex)

* Tenía miedo, perdón.

-Pudimos haberlo hecho juntos, quería luchar contigo, quería jugármelas contigo, porque me quitaste el derecho de haberlo hecho juntos. (llorando)

*Perdóname.

-Sabes que dolió, dolió que no confiaras en mí, en nosotros, en que podíamos, pensé que solo huías de mí, me odié. Y eso me enoja más, que me haya odiado por ti.

*(Entre lágrimas) Perdóname por favor, lo hice mal, lo sé.

-(llorando) Pero, aun así, te extrañe, y no sé, pero no puedo dejar de amarte.

Pasaron unas semanas hasta que Kaly volviera a confiar en Alex. Así que el momento perfecto de pedir matrimonio se acercaba, el día en que se hicieron novios por primera vez. Para Alex fue muy difícil ganarse la confía de Kaly, así que pedir matrimonio tenía que ser algo que se llevara todos sus miedos, estaba muy nervioso, decoro una parada de barcos con muchos foquitos, desde el principio hasta el final, cerca del lugar había un restaurante que alquilaba barcos, su cena seria allí, dentro de un barco, le pidió a Kaly que se vende los ojos y a un mesero que la llevara hasta el final de la parada, él esperaría allí de rodillas, al llegar al lugar:

*Kaly, puedes quitarte la venda.

- (Y lo miro entre lágrimas)

* ¿Quieres casarte conmigo?

- (Sonrió y con voz llorosa) Sí, acepto (lo abrazo y lloro un buen rato entre sus brazos) Ya no te iras verdad.

* No, ahora usted es mi hogar.

A veces creemos que todo está perdido, a veces olvidamos que

*"**Lo que Dios junto, no lo separa el hombre**"* Mateo 19:4-6

Lo que es para ti lo es y ya, no hay vueltas que dar, solo debes tener paciencia y saber esperar.

"Nunca me fui, siempre estuve aquí"

"Una parte de mi aun te esperaba con ansias y mira tú que bien se le ha dado"

"Si Dios te dio un ángel muy diferente a los demás, cuídalo, no lo encontraras ni en mil personas más"

"Paciencia, el amor llega cuando menos lo esperes"

Entonces... ¿Qué deberías hacer?

¿Darías tu dinero de regreso a casa?

¿Alguna vez has dado algo que necesitabas, pero preferiste darlo a quien también lo necesitaba sin pensarlo dos veces?

Bueno en realidad es algo que pocos hacen y si lo hacen lo piensan más de dos veces.

Yelu, siempre miraba las cosas buenas, así las cosas, estén complicadas. Cierto día estaba en las redes sociales y plin-plin, le llego un mensaje, era el mensaje de una niña que ella no conocía mucho, solo habían hablado unas dos veces, no más, la conoció por ser familiar de alguien cercano de sus amigas, a ella le pareció muy curioso que ella le escribiera:

*Hola, Yelu como estas?

-Muy bien gracias a Dios Deicy, ¿cómo estás tú? ¿Cómo esta tú bebé?

*Mi bebé esta enfermito por ahora, me ha dado anemia y a mi hijo también.

- Ohh, pero ¿es grave? ¿hay algo que pueda hacer?

*Ahora necesito unos medicamentos, no tengo dinero, pero no te preocupes, ya mañana veo como lo soluciono.

-Deicy, por ahora los medicamentos son necesarios, yo puedo ayudarte tengo unos ahorros, ¿te parece si te los doy?

*No Yelu, no te quiero molestar, además son tus ahorros, los has de necesitar para tú colegio.

-No Deicy, solo son ahorros para comer dulces, no los necesito para nada más, en cambio usted comprara los medicamentos y eso es más necesario que unos dulces.

(En ese momento Yelu sabía que ese dinero era para el regreso de su colegio, puesto que estudiaba a unas horas de donde vivía, pero decidió dárselo sin pensarlo dos veces, ya se la iba a ingeniar para ver como regresaba, lo importante era darle el dinero por la salud del bebé.)

*Gracias Yelu, realmente no quería molestarte por estas cosas, en serio muchas gracias.

-No te preocupes, no vemos donde te dije.

Le entrego el dinero y Yelu fue al colegio, ella no se preocupó por el regreso y eso es lo más interesante.

¿Y sabes que la hacía tener tan segura de que regresaría a casa?, tenía Fe, solo tenía Fe, llegó la hora de la salida, estaba sentada, estaba segura que en su monedero no había más dinero, reviso su mochila y plush un billete de regreso a casa.

Ella admirada de encontrar dinero en su bolso, porque lo había revisado en casa y no había nada, sabes que hizo lo agradeció, pero hubo un dato curioso en vez de pensar en que podía regresar a casa, se preguntó

- ¿Porque no lo revise un poco más antes?, le hubiera dado más dinero a Deicy para su bebé, puesto que con el dinero que encontró servía para comprarse diez dulces.

(El dinero que estaba en su mochila, era de su mamá, por lo general Deicy siempre ahorraba y no le pedía dinero a su mamá para gastos de recreos, pero justo ese día la mamá guardo dinero secretamente en su mochila).

Cogió el dinero y regreso a casa.

Ahora ¿Sabes por qué escogí esta historia?, bueno tal vez ahora estas confundido, del ¿por qué hizo eso? se suponía que era el dinero de vuelta a casa, no había más. Pero es que el Bebé era mucho más importante en ese momento para ella, no lo sé, tal vez no la entiendas, pero ella sintió que era lo más importante. "Cada uno debe dar según lo que haya decidido en su corazón, no de mala gana, ni por obligación, porque Dios ama al que da con alegría".2 Corintios 9:7.

Lo más importante de esta historia es que hasta el día de hoy alguien sabe que ella hizo esto. Ohh bueno solo ustedes, pero no saben quién es en la vida detrás de esta historia.

"Dar de corazón es bendecido por Dios"

"Si vas a Dar, que sea en voz baja, no necesitas gritarlo al mundo entero"

"Tener Fe, solo es tener Fe"

Entonces...¿Qué debería hacer?

By: MSDC

¿Has cambiado por amor?

¿Haz amado? Si tú respuesta es Sí, bienvenido y si es No, pues ya llegará ...y eso será cuando menos lo esperes...Ahora los que dicen sí, ¿Qué teoría tienen de amar? son muchas no?, y es que amar es una de las cosas más interesantes, aparte de cambiar tus latidos cardíacos, sientes como si tú estomago se encogiera, el pelo de tú piel se eriza y todo eso pasa cuando ves a aquella persona amada, bueno no solo viéndola también de lejos sucede, viendo una foto, mirar su sonrisa, ver que es feliz, etc. ¿Interesante no? Y eso no es todo, tú forma de pensar también cambia, si eres una persona mala, te vuelves bueno, si eres una persona fría o más bien "sin sentimientos", te vuelves cariñoso, amoroso. Sí la persona es correspondida, sientes que estas completo. Pero todo esto pasa cuando la persona es correcta, es decir si te cambia para bien. Si no es así, solo es una ilusión.

Hay personas que entran en tú vida en forma de oveja y terminan siendo una serpiente y hay que tener cuidado pueden tener los mismos síntomas. Las ilusiones no son lo mismo a amar.

Realmente es increíble lo que puede llegar hacer el amor en tú vida. Hay un dato curioso: Estas llegan a tú vida en el momento exacto ya sea bueno o malo. Este es el caso de Uly, una chica cabizbaja, no estaba pasando por el mejor momento de su vida, tenía problemas familiares, colegiales y entre otros. (y es que hay momentos donde es necesario los golpes fuertes de la vida para poder ser fuertes), en el caso de ella se dejó llevar por estos malos momentos, llegando a querer la muerte, comenzó a cortarse la piel, su vida no le interesaba, sus pensamientos eran todos negativos. ¿Cómo llegar a este tipo de personas?

Tenemos alguien que piensa mucho más rápido y con soluciones en nuestras vidas, nos cuida y llora junto a nosotros si estamos tristes. Lo que ocurría en la vida de Uly no era escusa, como para querer la muerte, pero siempre nos dan una nueva oportunidad, y esta oportunidad fue un ángel humano enviado por Dios, fue enviado para que ella vuelva a creer.

Uly,¿Por qué ya no me escuchas? ¿Estoy aquí? No te maltrates a ti misma ¡hey!...Uly, Uly,¡Para!, deja de cortarte, Hey...

Uly estoy aquí de nuevo veo que has conocido a alguien, ¿Porque lo ignoras? No todo el mundo no es malo...Uly lo has visto de nuevo, asho, altero tu ritmo cardíaco, ¿te agrada no? ¿Uly otra vez? ¿te estas cortando? Deja de llorar esos problemas son mínimos como para córtate.

Uly veo que ahora me haces un poco de caso, ese chico era la solución pa que vuelvas hacer feliz?, Chale lo hubieras dicho antes.

Uly estas sonriendo, ya dos meses que no te cortas y no lloras, ese chico tiene que darme la receta del como lo hace...

Uly veo que te estas arreglando? ¿vas a salir? uii pero que guapa...Uly ha pasado un año veo que ya no te cortas más, estas más alegre...vas recuperándote.

Uly estas llorando ahora por qué? ¿qué pasó? espera... estas saltando? eso es raro.

-Es mi novio...

¿Por eso el llanto?

-Estoy tan Feliz...Lo sé, es que ese chico logro dejarme entrar en tu vida, ahora lo que te rodea son pensamientos buenos, y eso atrae cosas buenas.

Existen personas que son enviadas a tu vida para ayudarte a corregir tu vida, darte una lección de vida, pero también existen personas que desde siempre están en tu vida para corregirla, esa puede ser tu mamá, tu mejor amiga, etc. Hay que tener cuidado de como tratamos a las personas, cada una tiene algo para nosotros.

"Hay personas que llegan a tu vida en forma de ángeles para salvarte de un abismo que crees que no tiene fin".

"Amar puede cambiarte, solo sí es de forma buena, sí es para maldad eso no es amor".

"Ten cuidado con los malos que se hacen pasar por buenos".

by:MSDC

¿Volverías a empezar en tu matrimonio?

Runy casado con Haly está pasando por duros momentos de su matrimonio y no sabe ¿Qué hacer?, piensa que todo está perdido, hasta que mira sus acciones y ve las sanaciones de Dios en su matrimonio.

(Se detuvo a pensar mientras miraba a Haly limpiar la casa).

Runy- ¿Será este el momento para darme por vencido? Hay ocasiones que darse por vencido es lo mejor que puedo hacer, pero es... es que estaba tan acostumbrado a ser alguien a que me demostrara cariño, realmente debo estar loco, querer insistir en algo que de muchas maneras era un ¡no!

Haly* Runy podrías ayudarme con la cocina, ¿Bajarías la llama por favor?

- No sé hacerlo, estoy ocupado, ¿porque no lo haces tú?

*No sabía que estar sentado es una ocupación.

-Estas empezando de nuevo.

* Sabes sírvete, ya está la comida

- ¿Qué yo por qué? para eso estas tú.

(Haly agarro sus llaves y salió de casa, fue directamente a un parque cerca de una iglesia. Mientras lloraba, se acercó él padre de la iglesia, escucho su llanto y se acercó a ella)

- ¿Qué sucede hija? ¿Por qué lloras?

Padre, lo lamento ¿lo preocupe?, solo estoy confundida.

- Cuéntame ¿qué te pasa hija?

Padre, disculpe que tome de su tiempo, pero necesito hablar con alguien, solo estoy un poco cansada, esto es nuevo para mí. Mi esposo ha cambiado desde que nos hemos casado, me gustaba esos momentos en donde me ayudaba y no se quedaba a esperar todo servido, cuando éramos novios él me ayudaba y siempre me decía que me ayudaría una vez que estemos juntos, ahora esta le incomoda mi trabajo, se irrita con la mínima cosa, no sé que estoy haciendo mal.

- Hija, ¿has colocado a Dios en tu vida?

Padre, ahora me eh distanciado de la iglesia, mi trabajo, los que haceres en casa no me dan tiempo.

- Hija te daré un consejo, mientras no pongas a Dios en tu vida, en tu matrimonio, las cosas no estarán bien.

"El amor es paciente, es servicial; el amor no es envidioso, no hace alarde, no se envanece, no procede con bajeza, no busca su propio interés, no se irrita, no tiene en cuenta el mal recibido, no se alegra de la injusticia, sino que se regocija con la verdad. El amor todo lo disculpa, todo lo cree, todo lo espera, todo lo soporta".

Ser paciente pero como, si él me aleja siempre, me habla de una manera brusca.

- Hija, se paciente como la primera vez que empezaron a unir sus vidas, esto no es fácil si no tienes a Dios en ella, empieza a hablarle de Dios a tú esposo y lo importante es que le expliques: "Lo importante que es el matrimonio para Dios, ambos se eligieron para estar el resto de sus vidas juntos, antes de cometer cualquier cosa para alejarse asegúrate que piensa él al respecto". Puede que él esté viendo actitudes negativas de parte tuya.

Tiene razón padre últimamente estoy tan ocupada que no le prestaba atención a lo que él me decía. Gracias padre, realmente necesitaba un consejo.

(Se despidió y volvió a casa) (Al llegar a casa Runy se acercó y le pidió disculpas)

Runy - Lo siento Haly, últimamente no sé lo que hago, pero no te quiero perder, perdón.

(Haly empezó a llorar, lo abrazo)

Haly * Estaba en el parque frente a la iglesia, el padre de la iglesia se acercó a mí y me dijo que colocara a Dios en mi vida, sé que fue un mensaje de Dios para nosotros, Runy ¿que estamos haciendo? Debemos poner nuestro matrimonio en sus manos.

- Mientras me quede en casa imagine una vida sin ti y fue ahí donde me vi perdido si no te tengo. Me levante del asiento, espere un rato afuera para verte llegar y escuche nuestra canción "Un pacto con Dios tenemos tu y yo" y recordé cuando nos casamos.

* Es una nueva oportunidad para los dos.

- Ven abrázame.

Haly y Runy empezaron hacer las cosas bien, sin dejar sus obligaciones atrás, ahora se comprenden y llevan una vida armoniosa.

"Todo está bien mientras Dios guie en mi corazón"

"Mientras pongas a Dios en tu vida y mantengas la Fe nada está perdido"

"Mira como actúas frente a los tuyos antes de sacar conclusiones destructivas para tu vida"

"El amor en el Matrimonio siempre necesitara de Dios"

by: MSDC

¿El amor duele?

¿El amor duele?, al principio no entendía estas palabras, puesto que las personas están acostumbradas a decir que no, que el amor no debe de doler, que eso es innecesario que si eso es así "no es amor", que el amor no debe de doler y por un momento llegue a creer que era cierto, pero no, no es así, el tipo de amor que me enseño Jesús en la cruz no es el amor que deja, que abandona, el que no te elige, el tipo de amor que me enseño es el que duele, ¿Porque?, dirás que estoy loca y que no es cierto o talvez mi forma de explicarte es incorrecta pero es así, el amor duele debe de doler para ser real, "El amor no versa sobre sentimentalismo, sino de una decisión"

-Itiel Arroyo.

Jesús murió en la cruz por nosotros ¿cierto?, pero también es cierto que sabía a qué venia, le fue revelado antes de venir todo lo que sucedería y aun así nos eligió aun sabiendo cuanto dolor, rechazo y burlas obtendría, nos eligió aun sabiendo que tan imperfectos somos y esto nos demuestra su gran amor por que pudo haber dicho no, no quiero sufrir así, pero no, no le importo que dolor tuviera que vivir por ti y por mí, te eligió y me eligió antes que cualquier comodidad.

Ahora me entiendes ¿Por qué el amor debe de doler?, ¿es necesario sentir dolor? Para saber si es verdadero yo creo que sí, de una u otra forma como sabes que es amor, el amor requiere de esfuerzos de sacrificios, a veces dejarte a ti mismo, ¿pero y si esa persona no lo merece?

¿Tú crees que nosotros merecíamos el amor de Jesús?, morir por nosotros, ¿crees que era justo? no verdad, el amor se da sin esperar nada a cambio, no es rencoroso, no requiere de su propia satisfacción.

Nuestra relación con Dios es muy importante, la relación entre Dios y tú merece ser salvada y como dije una vez en una de mis historias: " Como todas las relaciones no son para siempre puesto que el amor es de dos y no de uno" entonces es a esto a lo que se refiere cuando Dios pensó en ti, en mí y envió a su hijo Jesús para recuperar tu amor, tu fe. Nos amaron tanto, la palabra amor es tan corta para ser algo tan grande, el dolor de dejar ir a su hijo con personas sin escrúpulos, que le harían tanto daño, ¿no crees que era un acto de amor? y por parte de Jesús tomar la decisión de elegirte, ¿crees que no es amor? Entonces sí, el amor duele y duele porque es real, no se a qué tipo de amor pienses ahora, talvez el de tu pareja, hacia tu familia, amigos, etc, entonces el amor que sientes tú hacia ellos, crees que es importante, sabes su valor, ¿merece tu dolor? es tú decisión.

Talvez y te confundas entre muchas historias y todo lo que te digo por medio de estas lecturas porque en ciertas historias te hablo de amarte a ti mismo, pero sí, es necesario amarte para poder amar a los demás, talvez ahora estés confundido, pero si no te amas a ti mismo como puedes amar a Dios, claro está que nos creó a imagen y semejanza, ¿entonces porque odiarías algo de ti? como podrías amar las imperfecciones de alguien más si no te aceptas por cómo eres? Me entiendes?, al principio no lo entendía hasta que ame y me di cuenta que podía amar todo de esa persona, hasta sus errores, era algo extraño, puesto que quien puede amar algo así en esta época? suena desenfrenado y absurdo pero al amar a esta persona me di cuenta que me amaba a mí y amarme a mi significaba amar a mi Padre Dios, desde luego no fue fácil, amar las imperfecciones de alguien o más claro no fue fácil aceptarlas, pero refleje el amor de Dios en amarme aun sabiendo la chica que soy y claro está, hay imperfecciones que podemos moldear y sacarle provecho de estas. ¿Entonces aun sigues pensando que amar no duele?...

"Aun sabiendo el dolor que obtendría, eligió amarme sin juzgarme".

"Si amar me provoca dolor es porque mi amor es real"

"El amor no es solo sentimientos, es decisión"

By. MSDC

Entonces... ¿Qué debería hacer?

¿Cuidas de ti?

¿Qué si estoy flaca?, ¿Qué si estoy gorda?,¿Que sí estoy anoréxica? ¿Qué sí tengo **megarexia**? decirlo ¿cambia en algo mi cuerpo?, Pues no, ni siquiera un poco, ni siquiera mucho, ni siquiera bastante. Las críticas de las demás personas no deberían ser algo que nos interese mucho al fin y al cabo tú sabes lo que eres y eres hermos@ como eres.

¿Acaso no saben que su cuerpo es templo del Espíritu Santo, quien está en ustedes y al que han recibido de parte de Dios? Ustedes no son sus propios dueños; fueron comprados por un precio. Por tanto, honren con su cuerpo a Dios.

Que tú puedas controlar tú cuerpo no significa que es tuyo. Es como un encargo que te dicen cuídalo. Por eso es necesario cuidarlo mucho, y no es simplemente en el contexto de cómo te veas sino en que tú cuerpo este saludable, tal vez solo leas esto en como "Oh saludable nada más", pero no, esto también conlleva a no entregarte en el contexto sexual a una y otra persona, no dañarlo como con cortes voluntariamente, solo por tener problemas y verlo como una solución, esto es más típico en adolescentes.

Te diré algo: "los demás con solo decirlo no cambiaran nada en ti", tal vez tu cambies tu forma de verte a ti misma, pero eso solo depende de ti, pero de allí no pasa nada más, como dije al principio las personas dicen lo que quieren decir y hacen lo que quieren hacer y esto no debería dañarnos a nosotros mismos y nosotros no deberíamos ver estas críticas como algo que sea perjudicial porque si sabes que comes lo suficiente y lo normal, entonces está bien y listo cuidar de nosotros mismos también es parte del plan. Muchas veces tenemos un cuerpo normal y en esta posición nos dicen "¿Por qué no comes más?" "¿Porque no bajas un poquito más de peso?" simplemente para vernos como ellos quieren, pero esto no es así.

Miny una niña con un peso normal, un poco flaca, le gustaba ponerse vestidos largos, cuando salía a las calles observaba que las personas se quedaban observándola de pie a cabeza, hasta que llego a casa de sus primos y la vieron:

+Miny pareces una escoba vestida.

(Burlas con carcajadas)

*No les hagas caso.

(Un primo igual de flaco que Miny)

+ jajajajaj Anoréxicos que están ustedes dos.

*Miny, no estamos tan flacos, nos vemos sexys por eso nos tienen envidia.

Miny pensaba todas las noches en aquellos comentarios y empezó a medir su muñeca con los dedos cada día y a preocuparse en cómo se veía. De la desesperación y preocupación empezó a bajar más de peso, entre más comía este parecía no funcionar hasta que pudo tocar con sus dedos su muñeca, se asustó mucho más y entre más pasaban los días más alterada estaba empezó a cortarse la piel.

Miny se dejó llevar por los comentarios de las demás personas dejando atrás todo lo positiva y feliz que era con su cuerpo.

La mamá de Miny, observaba su notorio cambio de peso y la llevo al doctor.

(Reconocimiento clínico o exámenes)

+Señora su hija esta saludable según los exámenes médicos, el problema solo es el peso. ¿Tienes alguna preocupación Miny?

Do-do-doctor, sí como mucho para poder subir de peso, pero esto no funciona,

+ ¿Tienes alguna preocupación con eso?

Claro que sí, todo el mundo me ve como un palo de escoba.

+(sonrió) Ahora entiendo, mientras más te preocupas pocas probabilidades de que subas de peso existe, no te preocupes por eso del engorde, mira hagamos algo empezaras a comer lo normal de cómo lo hacías y cada vez que los pensamientos maliciosos te lleven a verte muy flaca realizaras algo que te entretenga para poder liberarte de ellos ya sea ponerte a leer, jugar etc. ¿Lo entiendes?

Y sí esto no funciona (carita de triste)

+Empezamos de nuevo, ¡hey! ¿que dije?, cero pensamientos maliciosos.

Está bien doctor.

Sin darse cuenta Miny, el doctor había notado los cortes pequeños que había hecho a su cuerpo y justo el doctor era muy amigo de la mama de Miny y pidió un momento a solas con ella y le dijo sobre aquello.

+Miny está pasando por una situación dura entre ella misma, es joven, tiende a reprimirse y no contarle nadie, se paciente y dale cariño, si lo haces de otra forma puede que lo empeores.

* ¿Que estoy haciendo no me había dado cuenta?, es mi culpa.

+No, no te culpes, aun no es tarde para reprimirse.

Llegaron a casa, la mama de Miny empezó a cocinar la comida favorita de su hija.

*Está servido mi niña ven a comer

Voy má...Woo es mi comida favorita

+sí mi pequeña.

Miry acabo de comer todo.

Muchas gracias má.

+Hija tenemos que leer un poco ¿No crees?

Sí má ¿Qué leeremos?

*

¿La biblia?

*Sí hija hace mucho no leemos juntas, has pasado encerrada en tú cuarto con los según de deberes.

Ohh si mamá, tienes razón.

(Acabaron de leer y le explico)

*¿Crees que eso está bien?

No mamá

*¿No crees que necesitas pedir perdón?

Sí mamá

*Hija las opiniones perjudiciales de los demás no son algo con lo que deberías llevar contigo siempre. Se de tus cortes, ¿crees que es bueno a lo que leíste? ¿Crees que todo lo que hiciste estaba bien?

(Entre lágrimas) Eh fallado.

*Pero aun no es tarde.

Pasaron los meses Miny volvió a su cuerpo normal y saludable. (Volvió donde sus primos).

+La escoba vestida

(Sonrió) Solo estoy sexy.

"Las opiniones perjudiciales de los demás no son algo con lo que deberías llevar contigo siempre"

"Mientras más te preocupas, pocas probabilidades de que lo consigas obtienes"

"Amate, cuídate, ese es el plan"

Entonces...¿Qué debería hacer?

By: MSDC

¿Eres feliz en el logro de alguien?

¿Alguna vez fuiste feliz por el logro de alguien más? Sí yo creo que sí, aunque sea una vez en la vida, pero sí. Sabes y es bonito porque te has demostrado a ti mismo un ser no egoísta y eso está bien, significa que no todo este perdido, significa que aún existe en ti alguien bueno.

Si de no ser así y nos duele ver como el otro avanza y crece, nos enojamos por ello, esto quiere decir que estamos llegando a los síntomas de la envidia, y hay que tener mucho cuidado con este, porque te puede llevar a la locura de la desesperación, a hacer cosas vanas.

Para ser feliz el ser humano necesita dar y recibir amor. "Si no tengo amor, nada soy"(1 Corintios 13:2).

La Felicidad también consiste en el amor que damos a los demás, sin egoísmos, sin envidias, sin rencores y si la persona que le damos esto no lo valora, debe estar perdida buscándose a sí misma, pero para que hablar de sí lo ve o no, bueno lo importante es que lo des y te sientas feliz por sus logros de él o ella.

Jeicol, un actor reconocido internacionalmente y en el país, está a punto de ser muy famoso a nivel mundial, puesto que lanzara una película que se traducirá a varios idiomas, por lo general era un chico generoso, a todo dar por decirlo así, pero cuando topo un poquito de fama, se sintió tan alto, que se olvidó lo tan grande que es la humildad que lo condujo hasta allí, Nory su mejor amiga siempre estaba allí, junto a él, Jeicol la empezó a dejar atrás, su prepotencia lo domino más que su apariencia.

Nory *- Jeicol, hola como estás, estas aquí, últimamente no me escribes, pasas ocupado? Yo te puedo ayudar si gustas.

Jeicol -Hola Nory, eh estado grabando por aquí por allá, mañana me voy a España, esta vez no podré llevarte conmigo, pero si gustas te dejo mi autógrafo, por si no vuelva.

*Como? ¿Piensas quedarte?, podre visitarte verdad?

-No, ni lo pienses no quiero visitas.

*¡OU! Está bien, no te preocupes.

-Sí, ¿debes estar decepcionada esta vez porque no vas conmigo no?

*No al contrario me siento feliz que las cosas te vallan bien, No sabes cuánto desee cosas así por verte feliz, ir es lo de menos lo importante es que eres feliz.

- Oh sí, te has de estar muriendo de envidia, verdad.

*No, no es así, ¿Qué te pasa?

-No me pasa nada, bueno me voy y deja de decir tantas estupideces.

(Nory se quedó llorando por horas, estaba feliz por sus logros, pero triste porque estos lo cambiaron a una forma machista, arrogante).

Salió su película, Nory lo vio actuar, ella nunca se perdió sus películas, mucho menos sus entrevistas. Paso el tiempo y Jeicol regresó. Nory fue hasta su casa y no la dejaron pasar, sus guardaespaldas negaron su entrada.

*(Grito)...Jeicol, estoy aquí, estos grandulones no me dejan pasar.

- (Jeicol salió)

Los guardaespaldas le preguntaron ¿la dejo pasar señor?

-No, ni se les ocurra, no la conozco.

*Jeicol, que dices, soy yo Nory.

(Jeicol entro y la ignoró)

Nory, lloró mucho más por varios meses, pero luego vio en las noticias que su fama se había elevado mucho más y con eso basto para calmar sus lágrimas, vio una entrevista donde él sonreía mucho, desde esos días su sonrisa era el remedio para su tristeza.

Pasaron los meses, hicieron las Segunda Parte de la Película e iban a grabar la Tercera, en esta no lo tomaron en cuenta a Jeicol, tuvieron que sacarlo de la saga y colocaron a un actor que iba a arrasar con la popularidad de Jeicol.

Jeicol se sentía tan mal, recordó quien lo consolaba cuando ocurrían estas cosas, esta vez creyó que iba a estar en todas las seis películas que iban a grabar, pero este no se dio así.

(Agarro sus cosas y se fue del país en que estaba. Apenas llegó fue a ver a Nory)

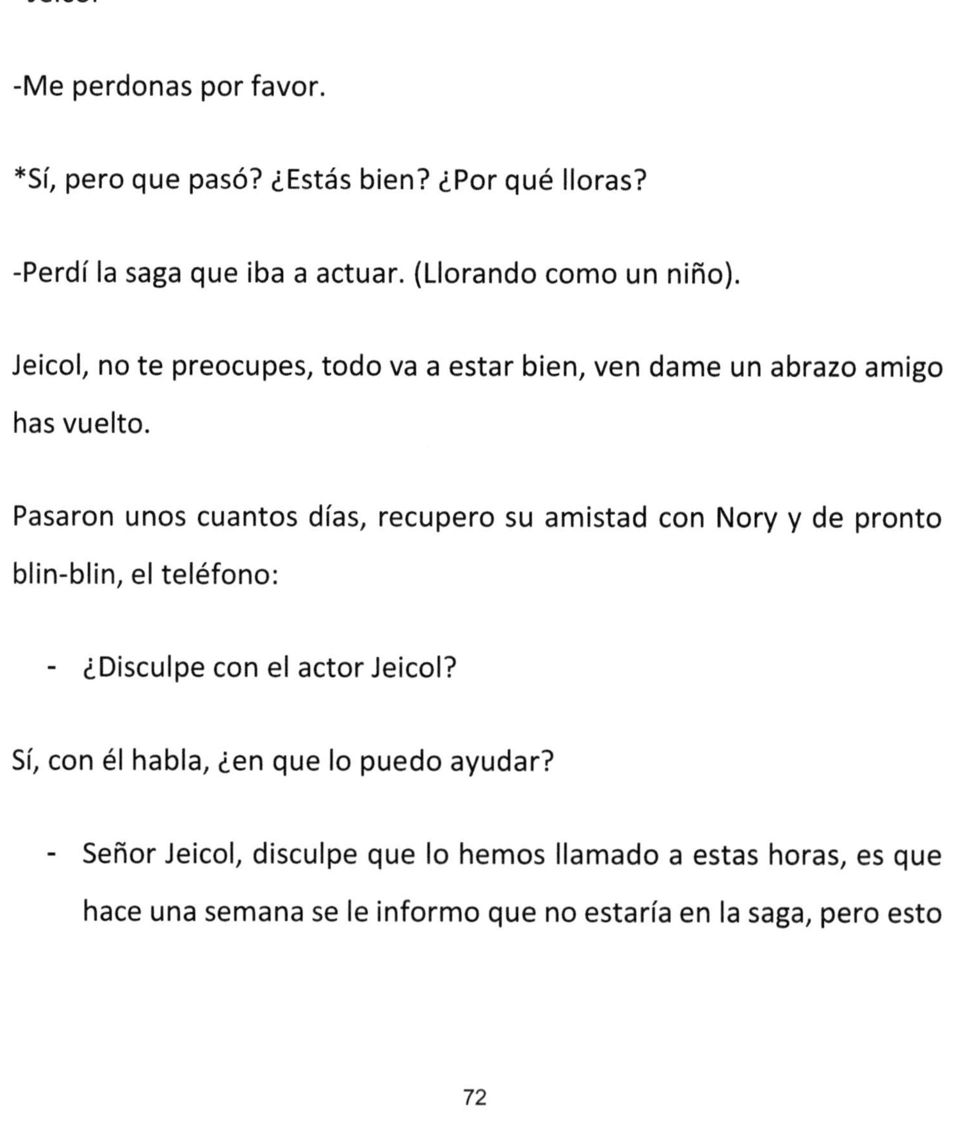

-Nory, perdóname.

*Jeicol

-Me perdonas por favor.

*Sí, pero que pasó? ¿Estás bien? ¿Por qué lloras?

-Perdí la saga que iba a actuar. (Llorando como un niño).

Jeicol, no te preocupes, todo va a estar bien, ven dame un abrazo amigo has vuelto.

Pasaron unos cuantos días, recupero su amistad con Nory y de pronto blin-blin, el teléfono:

- ¿Disculpe con el actor Jeicol?

Sí, con él habla, ¿en que lo puedo ayudar?

- Señor Jeicol, disculpe que lo hemos llamado a estas horas, es que hace una semana se le informo que no estaría en la saga, pero esto fue un error, gustaría volver a trabajar con nosotros, le aumentaremos sus ganancias.

Jeicol acepto.

Una vez leí por allí: "Dale un poquito de fama y sabrás como es realmente"
¿Es cierto? Pues sí, cuando pensamos que una persona es diferente a otras en momentos así, resultan ser peores que las que tienen el verdadero poder de fama, se dejan guiar por un elevado puesto en el mundo como sí esto realmente fuese importante, pero cuando este se acaba terminan acucurrandose como niños cuando tienen frio, como una oveja perdida sin su granjero, en desesperación.
Pero lo mejor de esto es que no ocultan su verdadero yo.

“No siempre tienes que perder algo importante para darte cuenta que tienes otros más importantes”.

“El amor sin esperar nada a cambio, es uno de los actos más valientes”.

“No todo está perdido si tienes amor”

by: MSDC

¿Has dicho cosas sin pensar?

¿Cuantas veces interpretaron tus palabras como algo ofensivo? Si me preguntas a mi pues sí, muchas veces, no tenemos el mismo pensamiento que la otra persona, así que sí. También me eh sentido mal, claro muchas veces trate de explicar que no era eso lo que trataba de decir, pero prefirieron creer en sus propias explicaciones, pero está bien no podemos insistir en sus propios predilectos.

Yesy fue a comprar un regalo con una compañera de colegio a un centro comercial todo iba bien hasta que pregunto respecto a mi opinión de regalo a su hermana:

Yeisy – ¿No crees que ese obsequio es para alguien más pequeño? Yo lo tuve cuando tenía cinco años tú hermana tiene quince. ¿Crees que le gustara?

Creía que regalarle algo de pequeño a alguien grande era raro, bueno, estaba metiéndome en mi propio yo y no en el del que iba a recibir el obsequio, debí pensar mejor mi respuesta o quedarme callado, pero está bien, "a veces nos gusta tener lo que antes no tuvimos".

De ello aprendí que no importa que tanto pasé el tiempo, siempre nos esforzaremos por tener lo anhelado.

Respondió Koki:

"Tú lo tuviste todo, ella lo tendrá recién"

Yesy se sentía muy mal en ese momento, porque su respuesta fue tan fría, desde ese día fue una de las palabras que tal vez nunca olvide nunca.

Yeisy entre unos de sus pensamientos nocturnos de aquel día "Casi nunca cuento de mi vida, cuando era pequeña mi cuna fue de un cartón, la de Koki tal vez fue una cama, pero está bien, tal vez si le hubiera contado que a veces no tuve que comer, que también pase necesidades igual que ella, que ahora estay donde estoy, solo es por el esfuerzo de mis padres, talvez la entendería" ¡Wao! realmente creo que desde allí cuido más mis palabras, lo entendió todo mal, ¿porque se fue a lo que yo tuve antes realmente no lo entiendo?, me hubiera gustado mucho decirle, que a veces preferí no haber tenido las cosas que con esfuerzo me daban mis padres y más la atención de ellos, de hecho me gustaba más su familia que la mía.

Luego de eso siguió pensando toda la mañana y tarde, hasta que...

- ¿fue necesario que lo dijera así?, ¿bruscamente? Bueno pues ahora puedo verlo con más claridad, pues sí, fue necesario, tal vez sí no recibía esas palabras, pasaría por la vida viendo mis propias expectativas antes que la de los demás. Aún no soy perfecta y no creo que llegue hacerlo, dar una opinión a veces es tener cuidado con la opinión.

"Todos fallamos mucho. Si alguien nunca falla en lo que dice, es una persona perfecta, capaz también de controlar todo su cuerpo". Santiago 3:2.

Tal vez no entiendas, puesto que la opinión no fue tan brusca, tal vez fue la manera de decirlo, realmente no lo sé, pero ella trato de decirle que no se trataba de que yo ya tuve eso, si no que sí era de seguro que ¿le gustaba eso? a esa edad uno se enamora o tienen otros gustos y piensa más en otras cosas, como en un teléfono, etc. Lo que quiero llegar es que a veces nos piden opiniones y tenemos que tener cuidado con la que decimos, puesto que no sabemos cómo le afecta a la otra persona, pero también tener claro que tener cuidado con lo que decimos no se trata de mentir y decir que está bien si no lo está, son actos pequeños que para muchos son grandes.

"El que refrena su lengua protege su vida, pero el ligero de labios provoca su ruina". Proverbios 13:3.

"Actos pequeños que para muchos son grandes"

"Las palabras que quedan marcadas son experiencias que quedan selladas"

"Hablar es fácil cuando no sabemos lo que realmente pasa"

by: MSDC

Fin

Varias historias en un par de hojas que pueden ser útiles en tu vida, este no es el único en darte historias y que te cuenten como lograron superar lo malo, hay muchos más. La biblia es uno de los principales que deberíamos leer, puesto que es la guía de cómo afrontar la vida, muchos no leemos los instructivos y es que estos son los que tienen como propósito dirigir las acciones del lector y eso hace la Biblia por eso quienes aún no la leen, aún no saben cómo manejar sus acciones.

También creo que cada persona debería escribir su propia historia para enseñarle cosas buenas a las demás generaciones y también las cosas malas que hicieron y el castigo propio que tuvieron aquí en la tierra. Dios

La niña del capítulo anterior Yesy, admiraba mucho la familia de Koki ¿Por qué? Porque esa persona fue dichosa en crecer leyendo la biblia, en ir a la iglesia, en conocer a Dios, con Yesy era distinto sus padres para darle una buena vida a su hija tuvieron que dejarla sola en ciertos aspectos cuando empezaron a tener un buen trabajo sus padres pasaban ocupados, la mayor parte de su vida. Para conocer a Dios lo hizo sola, su mamá siempre estaba ocupada y no quería acompañarla a la iglesia y tampoco podía explicarle del ¿porque paso todo eso Jesucristo? ¿Por qué fueron tan cruel con él?, tuvo que aprender con ayuda de personas de la iglesia, esas personas siempre la admiraban por ser tan pequeña y estar tan interesada en conocerlo.

Me gusta mucho esta historia porque a pesar de pasar Yesy por criticas como estas, ella no se reflejó en ser como lo que decían, siempre trato de ser mejor, de ser humilde, a pesar de tener lo que tuviera.

"Dicen que siempre vienen tempestades cuando vas por el camino bueno y es cierto, son solo pruebas", pero eso no significa que siempre habrán, solo depende de ti en volver a recaer o seguir. Si vas firme con pensamientos positivos y teniendo fe, lo puedes lograr, créeme, lo logras, en varias historias trate de decirte que controles tus pensamientos, sé que no es fácil, pero tampoco es imposible, estos son muy complicados a veces, puesto que van más allá de lo que realmente puede suceder. Trata de salir a correr o distraerte, cuando sientas que ya no puedes, que estás cansado, porque a todos nos pasa, llora, está bien hacerlo, lo malo es llorar siempre y olvidar que Dios ya tiene un plan y que eso solo es parte del aprendizaje, al menos puedes enfermarte si lloras contestemente. Y si te sientes re más mal llora corriendo y cuando ya te sientas mejor ora. Hay olvidas que no puedes hacerlo o que están mal las cosas, solo trata de distraerte.

También intente darte a conocer sobre no juzgar, en poner un tal vez, todas las personas tienen que tener un ¿Por qué? hacen lo que hacen o ¿Por qué? dicen lo que dicen, esas fueron las claves iniciales del propósito de esta lectura, pero si te das cuenta aprendes más como: aprender a respetar a tus padres, que por más que no tengan la razón debes respetarlos, valorar a tus maestros, perseguir tu sueño por más difícil que creas que sea y tal vez encuentres más enseñanzas.

A muchos les gusta ir directo al secreto de cómo llevar una vida buena, en vez de leer cada paso, es como si te dieran las respuestas del examen y tu tengas que hacer las preguntas, pero tú las haces sin leer el texto ¿Lo entiendes? ¿Por qué crees que Jesucristo primero decía las parábolas y después daba la explicación?

Isaías: ***"Oír, oiréis, pero no entenderéis, mirar, miraréis, pero no veréis".*** Por eso les hablo en parábolas; porque viendo no ven, y oyendo no oyen ni entienden.

Debemos ser más inteligentes, más sabios, aprender a razonar, para poder entender las enseñanzas.

De cada historia podrás aprender más de lo que intenta llegar explicarte, simplemente tienes que razonar, saber entenderlo ¿Lo entiendes? De qué sirve darte un secreto si no entiendes ¿Cómo surgió para encontrarlo? Si fuera así todo fuera más fácil, todos lograríamos hacer las cosas bien, no sé si me entiendas. Estamos aquí para vivir, nos dieron el privilegio de decidir en esta vida aquí en la tierra, solo depende de nosotros mismos el camino bueno o el camino del mal. Es tú elección el cielo o el fuego eterno.

Para nosotros empezar hacer las cosas bien, las parábolas son necesarias para que aprendamos a formar el carácter de nuestro propio ser y que parábolas más bonitas que las que hay en la biblia.

Recordar que la biblia es un libro en resumen de la vida que le ocurrieron en años a otras personas y que ahora tenemos el privilegio de poder leerlas para aprender, lo que ellos durante mucho tiempo atravesaron para poder dejar un mensaje, que ahora es una guía, para poder seguir los caminos correctos.

Tal vez el milagro que observamos en cada una de las lecturas piensas que son de un día para otro, pero pudieron ser en años, paciencia y fe. Ahora una canción corta o un poema (Más creo que es un poema):

"Cuantas veces me han dejado atrás,

cuantas veces me han dicho ya no más.

Pero Dios está aquí,

Guiándome hasta el fin

Tengo fe en que sanare y llegare hasta ti

Padre, estoy luchando para el bien

Guíame lo haré bien

Solo en ti me aferrare".

by: MSDC

"Espero haberte ayudado en algo" Sonríe!!

Dios siempre querrá que regrese su ovejita, aun no es tarde para empezar a aprender. Empieza a tener Fe.

Entonces... ¿Qué deberías hacer?

Printed by Books on Demand GmbH, Norderstedt / Germany